# Hand in Hand - Das Liederbuch

## 20 Mit- + Mutmachlieder für starke Kinder

Das Liederbuch mit allen Texten, Noten und Gitarrengriffen zum Mitsingen und Mitspielen

Neue Kinderlieder mit Stephen Janetzko

---

... mehr Info, mehr CDs, mehr Lieder & Noten:
www.kinderliederhits.de

**Stephen Janetzko**
*(Autor, Liedermacher und Verleger)*

Mit einer 20-minütigen MC „Der Seebär" fing alles an, heute sind es weit über 600 Kinderlieder, die der gebürtige Hagener Liedermacher bereits auf über 50 CDs und in zahllosen Liedsammlungen veröffentlicht hat. Viele davon, wie „Hallo und guten Morgen", „Wir wollen uns begrüßen", „Augen Ohren Nase", „Das Lied von der Raupe Nimmersatt", „Hand in Hand" oder „In meiner Bi-Ba-Badewanne", werden heute gesungen in Kindergärten, Schulen und überall, wo Kinder sind.

Copyright © 2016 Verlag Stephen Janetzko, Erlangen
**www.kinderliederhits.de**
Alle Lieder verlegt bei Edition SEEBÄR- Musik Stephen Janetzko, Erlangen
*Online-Shop im Internet unter* **www.kinderlieder-shop.de**
**Covergrafik:** Stephen Janetzko (CD-Cover: Frohmut Ritter)
Notensatz, grafische Vorbereitung und Idee: Stephen Janetzko
All rights reserved.

ISBN-10: 3957222443

**ISBN-13: 978-3-95722-244-2**

Alle Rechte vorbehalten.

*Dieses Werk ist urheberrechtlich geschützt. Jegliche Vervielfältigung und Verwertung ist nur mit Zustimmung der Autoren bzw. des Verlags zulässig. Das gilt insbesondere für Übersetzungen, die Einspeicherung und Verarbeitung in elektronischen Systemen sowie für das öffentliche Zugänglichmachen wie zum Beispiel über das Internet.*
*Ein Nachdruck oder eine Weiterverwertung ist nur mit schriftlicher Genehmigung des Verlags möglich.*

© Verlag Stephen Janetzko, **www.kinderliederhits.de**

# Inhaltsverzeichnis

| Lied: | Seitenzahl: |
|---|---|
| Kinder können mehr | 4 |
| Frühlingslied (Winter ade) | 5 |
| April, April (der weiß nicht, was er will) | 6 |
| Ich schenk dir eine rote Rose (Die rote Rose) | 7 |
| Egal, welche Sprache du sprichst | 8 |
| Ein Elefant im Zoo (Lied vom gefangenen Elefanten) | 9 |
| Wenn ich ein kleines Vöglein wär | 10 |
| Tischlied | 11 |
| Wir fahren heut' ans Ende der Welt | 12 |
| Zweistimmige Melodie (instr. - *Herr, du hörst mein Rufen*) | 13 |
| Hand in Hand | 14 |
| Liebe Sonne (Kanon "Froh zu sein bedarf es wenig") | 15 |
| ‚Tschuldigung! (War nicht so gemeint) | 16 |
| Friedenswunsch (Kanon) | 17 |
| Das Rotkehlchen | 18 |
| Immer wieder geht die Sonne auf | 19 |
| Du rauer, kalter Herbsteswind (Herbstwind) | 20 |
| So viel hätt' ich noch zu sagen | 21 |
| Brenn, Laterne | 22 |
| Gott, ich will dir danken (Danklied - Lied zu Erntedank) | 23 |

---

**Die CD zum Buch:**

**CD Hand in Hand** - 20 Mit- und Mutmachlieder für starke Kinder

Best.-Nr. 91033-26, EAN 4032289004086
**ISBN 978-3-932455-94-0**

# Kinder können mehr

Text: Werner Schaube/Stephen Janetzko; Musik: Stephen Janetzko; CD "Hand in Hand"
© Edition SEEBÄR-Musik Stephen Janetzko, www.kinderliederhits.de

Tempo: ca. 132

2. Kinder lachen mehr als die großen Leute.
   Sie freu`n sich und verzaubern uns - heute, heute, heute.
   Kinder singen mehr als die großen Leute.
   Sie kennen tausend Melodien - heute, heute, heute.
Refrain.

Zwischenspiel: Ohne sie, ohne sie - kriegst du Falten bald;
   ohne sie, ohne sie - wirst du ganz schnell alt.
Refrain.

# Frühlingslied (Winter ade)

*Text: Barbara Cratzius; Musik: Stephen Janetzko; CD "Stark wie ein Baum"*
*© Edition SEEBÄR-Musik Stephen Janetzko, www.kinderliederhits.de*

2. März, komm her, wo bleibst denn du? Los, wir warten sehr!
   Sonne, putz die Augen blank, schick den Frühling her.
   Sonne, putz die Augen blank, schick den Frühling her.

3. Kalter Winter, deine Zeit ist doch nun vorbei.
   Und ich putz mein Dreirad blank! Auf geht`s! Los! Juchhei!
   Und ich putz mein Dreirad blank! Auf geht`s! Los! Juchhei!

4. Immer schneller läuft mein Rad, keiner holt mich ein.
   Und ich freu mich jeden Tag übern Sonnenschein.
   Und ich freu mich jeden Tag übern Sonnenschein.

Hinweis: In der 3. Strophe singen wir bei älteren Kindergarten- sowie Schulkindern "Fahrrad" statt "Dreirad".

# April, April (der weiß nicht, was er will)

Text: Stephen Janetzko (mit volkstümlichen Anteilen); Musik: Stephen Janetzko; CD "Stark wie ein Baum" © Edition SEEBÄR-Musik Stephen Janetzko, www.kinderliederhits.de

1. April, April, der weiß nicht, was er will.
Bald schaut der Himmel trübe drein,
bald Regen und bald Sonnenschein.
April, April, der weiß nicht, was er will.

2. April, April, der weiß nicht, was er will.
Am Monatsersten mancher Scherz
und gar die Lüge freut das Herz.
April, April, der weiß nicht, was er will.

Spielanregung:
Ein kleines aber feines April-Lied. Zur ersten und letzten Zeile klatschen wir mit (wir können uns auch dazu im Kreis drehen).
Mittelteil: Zu "Bald schaut..." blicken wir in den Himmel (flache Hand waagerecht vor die Stirn führen und nach oben schauen). Dann lassen wir mit unseren Fingern imaginären Regen herunterrieseln und malen eine Sonne.
Zum Schluss wieder klatschen.
In der 2. Strophe im Mittelteil schelmisch grinsen und dann Hände aufs Herz legen.

Hinweis: O.g. CD enthält nur die 1. Strophe.

# Egal
## (Ist egal, welche Sprache du sprichst)

Text: Jürgen Lepszy/Stephen Janetzko; Musik: Stephen Janetzko; CD "Hand in Hand"
© Edition SEEBÄR-Musik Stephen Janetzko, www.kinderliederhits.de

1. Ist egal, ob du Sandra heißt oder Michael, ist egal, ob du Ali heißt oder Raffael.
   Heike oder Cynthia, Georg oder Kühwalda, Robi, Tobi, Mohammed, Carolin, Elisabeth.

2. Ist egal, ob du Philipp heißt oder Kasimir, ist egal, ob du Gudrun heißt oder Vladimir.
   Thomas oder Annika, Johnny oder Lioba, Katja, Herbert, Aladin, György, Petra, Gwendolyn.

Refrain: Ist egal, welche Sprache du sprichst. Klingt sie auch fremd, das stört mich nicht.
Denn was nur für mich wichtig ist, ist Freundschaft, die nie mehr zerbricht.

3. Ist egal, ob du Ortloff heißt oder Leonard, ist egal, ob du Pedro heißt oder Edelgard.
   Axel oder Gundula, Ümit oder Joshua, Toni, Sonja, Marius, Tina, Jürgen, Julius.

4. Ist egal, ob du Christian heißt oder Manuel, ist egal, ob du Fatma heißt oder Samuel.
   Edith oder Mahindra, Özkan oder Erika, Carsten, Ulla, Asterix, Ingo, Jeanny, Idefix.

Refrain: Ist egal, welche Sprache du sprichst. Klingt sie auch fremd, das stört mich nicht.
Denn was nur für mich wichtig ist, ist Freundschaft, die nie mehr zerbricht.

5. Ist egal, ob du Dörte heißt oder Marielle, ist egal, ob du Tilmann heißt oder Annabell.
   Bobby oder Claudia, Aysche oder Monika, Seckin, Benny, Dschingis Khan, Kunigunde, Fabian.

Refrain: Ist egal, welche Sprache du sprichst. Klingt sie auch fremd, das stört mich nicht.
Denn was nur für mich wichtig ist, ist Freundschaft, die nie mehr zerbricht.

# Ein Elefant im Zoo
## (Lied vom gefangenen Elefanten)

Text: Siegfried Schüller; Musik: Stephen Janetzko; CD "Hand in Hand" & "Seeräuber Wackelzahn"
© Edition SEEBÄR-Musik Stephen Janetzko, www.kinderliederhits.de

3. Der Elefant steht auf... und stellt die Ohren in den Wind...
Er bringt die schweren Bein´ auf Trab, schon hebt die Rüsselspitze ab
- wie ein Ballon steigt er geschwind übers Gefängnisdach,
und er fliegt den Schwalben nach...

4. Der Elefant ist frei... ist seine Ketten endlich los...
Von fern riecht er den Urwald schon, bald ist er daheim bei Frau und Sohn
- wo die Kongowellen glitzern, setzt er zur Landung an,
doch im Busch gibt`s keine Landebahn...

5. Der Elefant ist tot... und als beim ersten Morgenrot...
der Wärter nach den Tieren sieht, der Elefant schon lang im Graben liegt
- ein Stoßzahn ist gebrochen, der Kopf liegt leblos da,
doch seine Seele ist in Afrika.

Hinweis: Melodie der Strophen 3. bis 5. in etwa wie 2.,
bitte Harmonien der 2. Strophe folgen

# Wenn ich ein kleines Vöglein wär

Text: Paula Oehm; Musik: Stephen Janetzko; CD "Stark wie ein Baum"
© Edition SEEBÄR-Musik Stephen Janetzko, www.kinderliederhits.de

1. Wenn ich ein kleines Vöglein wär, dann wüsst' ich, was ich tät', ich säng' die schönsten Lieder mir von morgens früh bis spät. Refrain: Fide-ra-la-la, fi-de-ra-la-la, fi-de-ra-la-la-la - la -fi-de-ra-la-la-la - la-la-la-la - la.

2. Wenn ich ein kleines Vöglein wär, dann könnte ich ja fliegen,
   da würd' ich auf dem höchsten Baum mich in den Zweigen wiegen.
   Fideralala, fideralala, fideralalalala - fideralalalalalalala.

3. Wenn ich ein kleines Vöglein wär, dann flög' ich um die Welt.
   Ich flöge über`s weite Meer dorthin, wo mir`s gefällt.
   Fideralala, fideralala, fideralalalala - fideralalalalalalala.

4. Doch da ich ja kein Vöglein bin und nur ein Menschenkind,
   da bleib' ich auf der Erde, wo die andern Menschen sind.
   Fideralala, fideralala, fideralalalala - fideralalalalalalala.

# Tischlied

Text: Werner Schaube; Musik: Stephen Janetzko; CD "Hand in Hand"
© Edition SEEBÄR-Musik Stephen Janetzko, www.kinderliederhits.de

Tempo: ca. 162

1. Es gibt was zu essen, gehn wir an den Tisch! Suppe und Gemüse, etwas Fleisch und Fisch. Refrain: Es gibt was zu essen, danken wir dafür! Reichen uns die Hände, jetzt sind alle hier.

2. Es gibt was zu essen, und wir werden satt.
Bitten Gott, den Vater, dass jeder etwas hat.

Refrain: Es gibt was zu essen...

# Wir fahren heut' ans Ende der Welt

*Text: Stephen Janetzko; Musik: trad. (aus Portugal), bearb. Stephen Janetzko;
CD "Hand in Hand" © Edition SEEBÄR-Musik Stephen Janetzko, www.kinderliederhits.de*

Wir fahren heut' ans Ende der Welt.
Wer weiß, wie gut es uns dort gefällt.
Vielleicht kehren wir niemals zurück,
versuchen in der Ferne das Glück.

Hinweis:
Diese Melodie habe ich mal auf einer Zugfahrt durch Portugal von einer Gruppe portugiesischer Schulmädchen aufgeschnappt, die mir heute noch im Ohr und vor Augen sind in ihrer ansteckenden Unbekümmertheit.
Meine Version ist da doch etwas nachdenklicher, mein Text kurz und doch voller Sehnsucht, Fernweh und Ungewissheit...
Leider habe ich die Originalautoren nicht in Erfahrung bringen können, vielleicht ist es ein traditionelles portugiesisches Kinderlied, dem ich einen neuen Anstrich gab?

# Herr, du hörst mein Rufen
## (Zweistimmige Melodie)

*Text und Musik: Stephen Janetzko; CD "Hand in Hand"*
*© Edition SEEBÄR-Musik Stephen Janetzko, www.kinderliederhits.de*

Tempo: ca. 132

(1) Herr, du hörst mein Rufen, lässt mich nicht allein,
in der schwersten Stunde wirst du bei mir sein.
(2) Herr, du hörst mein Rufen, lässt mich nicht allein,
in der schwersten Stunde wirst du bei mir sein.

Hinweis:
Zweistimmig singbar.
Auf der CD "Hand in Hand" als "Zweistimmige
Melodie" instrumental enthalten.

# Hand in Hand

Text und Musik: Stephen Janetzko; CD "Kindertanz - beweg dich ganz!"
© Edition SEEBÄR-Musik Stephen Janetzko, www.kinderliederhits.de

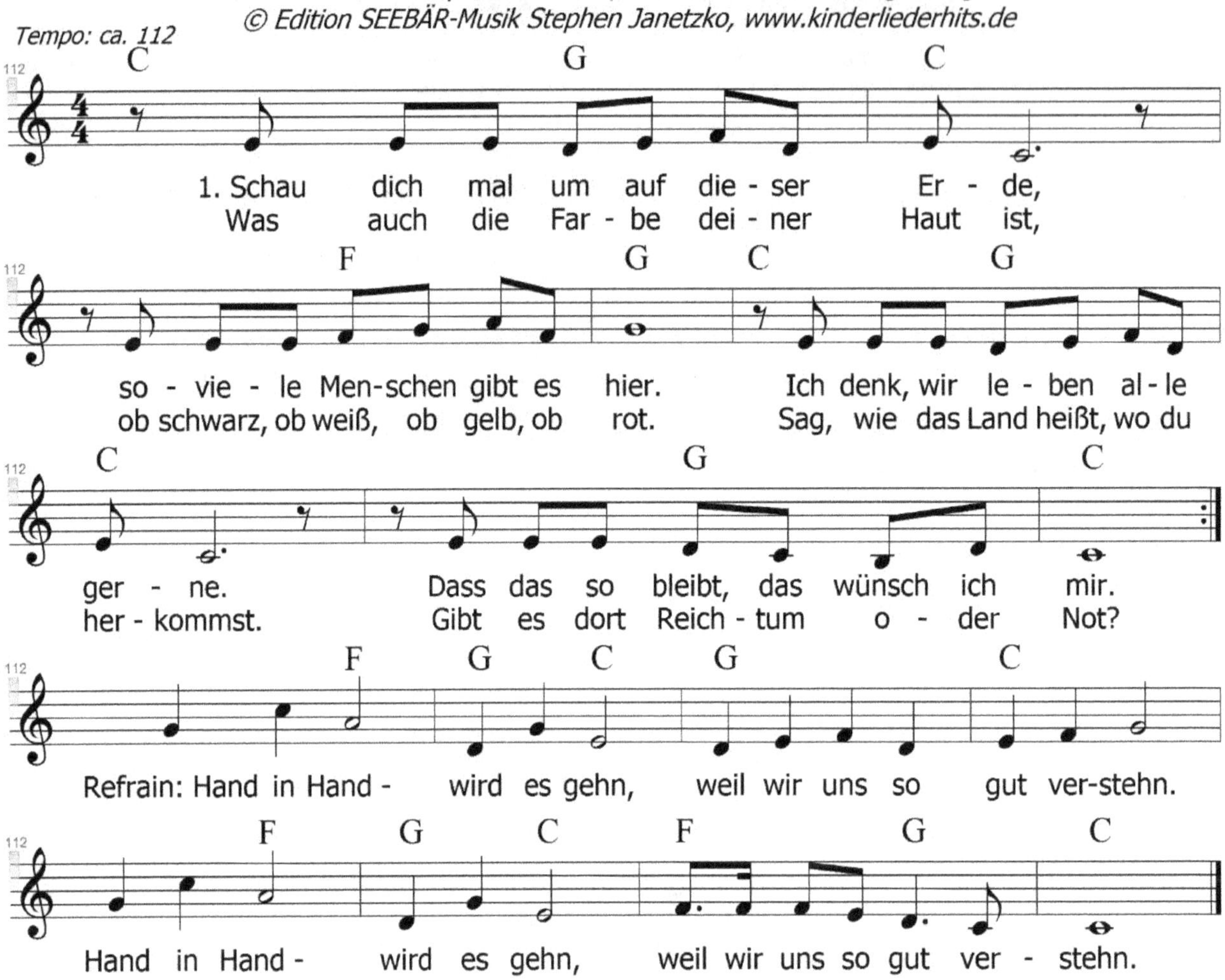

Tempo: ca. 112

1. Schau dich mal um auf dieser Erde,
so - vie - le Menschen gibt es hier.
Ich denk, wir leben alle gerne.
Dass das so bleibt, das wünsch ich mir.

Was auch die Farbe deiner Haut ist,
ob schwarz, ob weiß, ob gelb, ob rot.
Sag, wie das Land heißt, wo du herkommst.
Gibt es dort Reichtum oder Not?

Refrain: Hand in Hand - wird es gehn, weil wir uns so gut verstehn.
Hand in Hand - wird es gehn, weil wir uns so gut verstehn.

2. Bist du ein Türke oder Deutscher? Kommst du vielleicht aus Portugal?
Glaubst du, ein Gott hat uns erschaffen? Das ist letztendlich doch egal!
Sprichst du Französisch oder Polnisch? Bist du schon alt oder ein Kind?
Lebst du von Obst oder Getreide? Schön ist, wenn alle glücklich sind.

3. Manchmal, da seh ich welche streiten, Wieso, weshalb, versteh ich nicht!
Wir sollten miteinander teilen - Tragt in die Dunkelheit ein Licht!
Kommst du aus Westen oder Osten? Und trägst du Kopftuch oder Hut?
Bist du ein Junge oder Mädchen? Ich finde alle Menschen gut!

4. Bist du ein Bäcker oder Maler? Bist Träumer oder Realist?
Ein Jeder kann dem Andern helfen, Auch wenn es noch so wenig ist.
Wir Menschen sollten uns vertragen Und alle Tiere, groß und klein!
Zusammen geht doch alles leichter - Und alle wollen Freunde sein!

# Liebe Sonne
## (4-stimmiger Kanon "Froh zu sein")

*Text und Musikbearb.: Stephen Janetzko; Musik: trad.; CD "Hand in Hand"*
*© Edition SEEBÄR-Musik Stephen Janetzko, www.kinderliederhits.de*

(1) Lie-be Son-ne, (2) schick doch wie-der (3) dei-ne Strah-len (4) auf uns nie-der.

Liebe Sonne, schick doch wieder deine Strahlen auf uns nieder.

Anregung:
Für diesen schönen Kanon nach der bekannten Melodie von "Froh zu sein bedarf es wenig" könnt Ihr euch noch die verschiedensten Textvarianten selber einfallen lassen.
Hier einige weitere Varianten zur Auswahl für verschiedene Anlässe, Tages- und Jahreszeiten (auch hier kann untereinander kombiniert werden):

Für die Sonne:

Liebe Sonne, schick doch wieder deine Strahlen auf uns nieder.
Sonne, Sonne, schick bald wieder, goldne (warme) Strahlen zu uns nieder.

Zu den Tageszeiten:

Guten Morgen, liebe Leute, meinen Frieden geb ich heute.
Guten Tag, ihr lieben Leute, danke für das schöne Heute.
Guten Tag, ihr lieben Leute, meinen Frieden geb ich heute.
Guten Abend, liebe Leute, meinen Frieden geb ich heute.
Gute Nacht, ihr lieben Leute, meinen Frieden geb ich heute.
Gute Nacht, ihr lieben Leute, danke für das schöne Heute.

Zu den Jahresfesten:

Frohe Ostern, liebe Leute, meinen Frieden geb ich heute.
Frohe Pfingsten, liebe Leute, meinen Frieden geb ich heute.
Frohe Weihnacht, liebe Leute, meinen Frieden geb ich heute.

Zum Abschied:

Alles Gute, liebe Leute, schönen Heimweg wünsch ich heute.
Tschüs, bis bald, ihr lieben Leute, schönen Heimweg wünsch ich heute.

Für den Gottesdienst:

Lieber Gott, wie tausend Sterne und noch mehr hast du mich gerne.
Wie im Himmel so auf Erden, lass uns Deine Jünger werden.

# 'Tschuldigung (War nicht so gemeint)

Text: Heidemarie Brosche; Musik: Stephen Janetzko; CD "Hand in Hand"
© Edition SEEBÄR-Musik Stephen Janetzko, www.kinderliederhits.de

Refrain: 'Tschul-di-gung, 'tschul-di-gung, war nicht so ge-meint. Ist ja echt ein biss-chen dumm, wenn man stampft und weint; me-ckert, mault und schimpft und schreit - al-les nur aus Wut. Jetzt nach et-was Nach-denk-Zeit find' ich's gar nicht gut.

1. Wenn mir was da-ne-ben geht, är-ger ich mich so. Würd' am liebs-ten um mich hau'n, Tü-ren knall'n und so, muss ganz furcht-bar bö-se schau'n, renn vor Wut auf's Klo, renn vor Wut auf's Klo.

Refrain: 'Tschuldigung...

2. Hat mich dann der Zorn gepackt, regt's mich noch mehr auf,
  wenn ein andrer zu mir sagt: Hör doch wieder auf!
  Du warst überhaupt nicht schuld an dem ganzen Mist.
  Ach, mir fehlt's halt an Geduld, wenn was schwierig ist, wenn was schwierig ist!

Refrain: 'Tschuldigung...

3. Solltest du jetzt ärgerlich oder traurig sein,
  ehrlich, dann versteh ich dich. Das war zu gemein!
  Ganz zerknirscht und still und scheu steh ich drum vor dir
  und sag: Bitte, bitte sei nicht mehr bös mit mir, nicht mehr bös mit mir!

Refrain: 'Tschuldigung...

# Friedenswunsch (4-stimmiger Kanon)

*Text und Musik: Stephen Janetzko; CD "Hand in Hand"*
*© Edition SEEBÄR-Musik Stephen Janetzko, www.kinderliederhits.de*
Tempo: ca. 124

(1) Frieden, der für immer hält,
(2) wünschen wir der ganzen Welt:
(3) Frieden zwischen dir und mir,
(4) Frieden hinter jeder Tür.

Als Kanon bis zu 4 Stimmen.

# Das Rotkehlchen

*Text: Günter Hugk; Musik: Stephen Janetzko; CD "Hand in Hand"*
*© Edition SEEBÄR-Musik Stephen Janetzko, www.kinderliederhits.de*

1. Das Rotkehlchen, so zart und klein, singt voller Freud und Lust. Es singt mir in mein Herz hinein, als tät es dies bewusst.

2. Es singt gar bis zur späten Stund, genießt die schöne Zeit.
   Und seinem Schöpfer tut es kund das Lied der Dankbarkeit!

3. Im Sang des kleinen Sängers schwingt ein Stück Melancholie.
   Wie feierlich es weithin klingt - welch eine Melodie!

4. Drum singe, du, mein Vögelein, solang es dir gefällt,
   dass springen mag dein Liedlein fein hinauf zum Himmelszelt!

# Immer wieder geht die Sonne auf

*Text und Musik: Stephen Janetzko; CD "Hand in Hand"*
*© Edition SEEBÄR-Musik Stephen Janetzko, www.kinderliederhits.de*
*Tempo: ca. 168*

1. Manch-mal, wenn ich trau-rig bin, wei-ne ich so vor mich hin,
   bin am liebs-ten ganz al-lein - das kann furcht-bar sein! Ir-gend-wo ist
   je-mand, der mich wie-der trös-ten kann... Refrain: Im-mer wie-der geht die
   Son-ne auf, im-mer wie-der kommt ein neu-er Tag. Im-mer wie-der geht die
   Son-ne auf, im-mer wie-der weiß ich, dass ich dich mag.

2. Manch-mal, wenn ich wü-tend bin, schmeiß ich ein-fach al-les hin,
   ma-che ei-ne gro-ße Faust und will schnell hier raus. Ir-gend-wo ist
   je-mand, der mich wie-der zäh-men kann...

3. Manchmal, wenn mich keiner mag, ist es blöd den ganzen Tag,
   schlürf ich über den Asphalt, ist mir schrecklich kalt.
   Irgendwo ist jemand, der mich doch noch leiden kann...

4. Manchmal, wenn mir nichts gelingt oder wenn mir alles stinkt,
   jede Stunde eine Qual, alles ist egal.
   Irgendwo ist jemand, der noch an mich glauben kann...

Refrain: Immer wieder geht die Sonne auf...

5. Manchmal, wenn ich einsam bin, keiner mich fragt, wo ich bin
   keiner mich fragt, was ich tu, find ich keine Ruh.
   Irgendwo ist jemand, und der gibt mir neuen Mut...

6. Manchmal, wenn's mir dreckig geht, denk ich: Alles ist zu spät,
   denk ich: Heut' haut gar nichts hin, nichts hat einen Sinn.
   Irgendwo ist jemand, der mich wieder aufbau'n kann...

Refrain: Immer wieder geht die Sonne auf...

*Spielanregung: Wir alle brauchen mal unsere Streicheleinheiten!
Bei diesem Lied um das Thema "schlechte Laune - gute Laune"
können die Strophen von den Kindern spielerisch dargestellt werden.
Dabei spielt je ein Kind in der Mitte "traurig sein" etc., während die
anderen um es herum im Kreis stehen oder sitzen. Bei der Stelle
"Irgendwo..." gehen alle auf es zu und trösten etc. Dann kann lauthals der
Refrain gemeinsam gesungen und mitgeklatscht werden
(bei dieser Spielvariante sollte der Refrain nach jeder Strophe kommen).
Das Kind kehrt in den Kreis zurück und das nächste Kind ist dran.*

# Du rauer, kalter Herbsteswind
## (Herbstwind)

*Text: Käthe Ashoff; Musik: Stephen Janetzko; CD "Herbst, Halloween & Laterne"*
*© Edition SEEBÄR-Musik Stephen Janetzko, www.kinderliederhits.de*

I./2. Du fegst mir meinen Schirm ganz hoch und treibst ihn fort sodann -
wohl über alle Gräben hin. Ich laufe, was ich kann

II./2. Doch meinen Hut bekommst du nicht. H u u i i i - wie er kräftig bläst
die Blätter durch die Straßen hin aus Ost und Nord und West.

I./3. Nun lege dich doch mal zur Ruh und schlafe friedlich ein.
Am Morgen wird dann wecken dich der helle Sonnenschein.

I./3. wiederholen.

# So viel hätt' ich noch zu sagen

Text: Rainer Thielmann; Musik: Stephen Janetzko; CD "Hand in Hand"
© Edition SEEBÄR-Musik Stephen Janetzko, www.kinderliederhits.de

Tempo: ca. 118

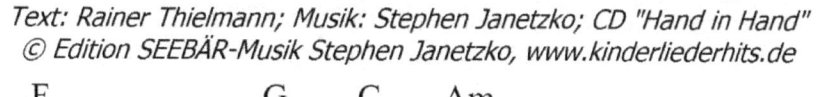

So viel hätt' ich noch zu sagen, doch meine Zeit ist viel zu knapp.
Demnächst werd ich es wieder wagen, schaltet ihr dann auch nicht ab?
Ein paar Lieder, ein paar Gedanken, ja, es war nicht furchtbar viel.
Darum möchte ich euch danken, denn eure Ohren war'n mein Ziel.
So viel hätt ich noch zu sagen, doch die Luft ist erstmal raus.
Mein Kopf dröhnt, voll überladen, tschüs, ich will jetzt nach Haus...

# Brenn, Laterne

*Text und Musik: Stephen Janetzko; CD "Ein bisschen so wie Martin",*
*ISBN 978-3-941923-92-8; © Edition SEEBÄR-Musik Stephen Janetzko, www.kinderliederhits.de*

Refrain: Brenn, Laterne, brenn, mein Licht. Leuchte, leuchte, nur für mich, hell so wie ein Stern.

1. Heute ist Sankt Martins Tag, Laternenlaufen, das ist stark. Komm und mach doch mit!

Refrain.

2. Durch die Straßen, durch die Stadt.
Wir laufen uns die Füße platt
Welch ein Heidenspaß!

Refrain.

3. Tausend Lichter überall,
die brennen auf dem Martinsball.
So ein schöner Tag!

Refrain.

# Gott, ich will dir danken
## (Danklied - Lied zu Erntedank)

*Text: Rolf Krenzer; Musik: Stephen Janetzko; CD "Danke Gott"*
*© Edition SEEBÄR-Musik Stephen Janetzko, www.kinderliederhits.de*

Tempo: ca. 180

Ref.: Gott, ich will dir danken, so gut ich danken kann. Damit ich's nicht vergesse, fang' ich gleich damit an. 1. Für Mehl, für Brot und Kuchen, für alles, was mir schmeckt, für all die süßen Beeren, die ich im Wald entdeckt.

Refrain: Gott, ich will dir danken...

2. Für Gurken und Tomaten, Gemüse und Salat,
  für Reis und für Kartoffeln. Das macht mich rund und satt.

Refrain: Gott, ich will dir danken...

3. Für diesen dicken Kürbis, den keiner übersieht,
  für Äpfel und für Pflaumen dank' ich mit meinem Lied.

Refrain: Gott, ich will dir danken...

4. Du gabst uns allen reichlich. So fängt die Ernte an.
  Ich will von Herzen danken, dass ich dir danken kann.

Refrain: Gott, ich will dir danken...

Spielanregung:
Ein Danklied für die Gaben der Natur an uns Menschen und für ihren Schöpfer. Beim Erntedankfest stellen wir die verschiedenen Früchte, Gemüse etc. schön dekoriert auf. Das Lied kann auch als Abschluss eine Reihe zum Thema "Säen-Ernten" eingesetzt werden (dazu passen würden zur weiteren Begleitung auch die Lieder "Bauer Hans", "Danke für die Früchte" oder das "Ernte-Tanzlied" von Stephen Janetzko). Auch als Tischlied/Danklied vor den Mahlzeiten singbar.

www.ingramcontent.com/pod-product-compliance
Lightning Source LLC
Chambersburg PA
CBHW081505040426
42446CB00016B/3399